Délices du Maghreb

Hors-d'œuvre et kémia

ALBOURAQ

Délices du Maghreb

Réalisation et production

Fabien Bellahsen

Daniel Rouche

Photographe

Didier Bizos

Rédaction

Nathalie Talhouas

Élodie Bonnet

Céline Volpatti

Les recettes

Assortiment de salades froides

4 personnes
Difficulté : Très facile
Préparation : 20 min

Ingrédients

Salade aux olives :
500 g d'olives violettes
1 bottillon de coriandre
6 gousses d'ail, 1 citron
1 pincée de sel
2 c. à s. d'huile d'olive
1 pincée de cumin poudre
1 c. à c. de piment

Salade de radis au jus d'orange :
1 botte de radis longs
1 c. à s. de sucre en poudre
1 c. à s. d'eau de fleur d'oranger, 1 orange
1 pincée de sel, poivre

Salade de concombres :
6 concombres
1 c. à c. de thym frais
2 c. à s. d'huile d'olive
2 c. à s. de vinaigre blanc
2 c. à s. de sucre en poudre
Sel, poivre

1. Pour la salade d'olives violettes, hachez très menu ou bien passez au mixeur la coriandre, l'ail, le cumin, le sel et le piment de votre choix, c'est-à-dire soit le piment doux, soit le piment fort, selon les goûts.

2. Mélangez ces ingrédients à l'huile d'olive et aux olives. Puis décorez de petites baguettes découpées dans des écorces de citron frais. Réservez le reste du citron pour les salades suivantes. Posez également quelques feuilles de coriandre.

3. Pour la salade de radis, versez dans un bol l'eau de fleur d'oranger. Pressez les agrumes et mélangez l'eau de fleur d'oranger avec 2 c. à. s de jus de citron et 2 c. à. s de jus d'orange. Râpez les radis avec une râpe à quatre faces et incorporez dans la préparation précédente. Assaisonnez avec le sel, le poivre et le sucre en poudre. Goûtez, et rectifiez l'assaisonnement.

4. Pour la salade de concombres, rincez les concombres à l'eau froide, essuyez-les et avec un couteau économe, zébrez chaque concombre. Puis, découpez-les en fines rondelles. Dans une jatte, mélangez le jus de citron restant, l'huile d'olive, le vinaigre, le sucre, le thym pilé, le sel et le poivre. Ajoutez les concombres, et décorez avec une petite branche de thym. Goûtez, rectifiez éventuellement l'assaisonnement et servez frais.

Bon à savoir :

L'abondance de l'eau et le savoir-faire de l'agriculteur marocain offrent la possibilité de trouver sur les marchés des radis long, frais, croquants et piquants. Pour atténuer le piquant des radis, on ajoute une pincée de sucre. Vous utiliserez l'eau de fleur d'oranger et le sucre avec parcimonie pour ne pas dénaturer le goût du radis. Acidulée par le filet de citron, adoucie par le jus d'orange, cette petite kémia d'été est aussi savoureuse qu'insolite.

Batata bel baïdh

4 personnes
Difficulté : Très facile
Préparation : 35 min
Cuisson : 25 min

Ingrédients

12 œufs
350 g de pommes de terre
2 carottes
1 poivron vert
1 oignon
1 botte de persil plat
4 c. à s. d'huile végétale
Sel, poivre

1. Épluchez les pommes de terre et coupez-les en très petits dés. Épluchez les carottes et coupez-les en petits dés. Faites-les cuire à la vapeur environ 5 min.

2. Faites griller le poivron au four 10 min. Pelez-le, épépinez-le et coupez-le en fines lamelles. Épluchez et hachez l'oignon. Lavez et hachez le persil.

3. Cassez les œufs. Battez-les en omelette avec le sel et le poivre. Ajoutez le persil. Faites sauter dans l'huile les pommes de terre avec l'oignon.

4. Ajoutez les carottes et le poivron. Salez, poivrez. Versez les œufs sur les légumes. Faites cuire l'omelette. Dressez dans un plat.

Bon à savoir :

La batata bel baïdh est une succulente omelette . Pour cette recette, les œufs doivent être très frais, portant la mention "extra". Choisissez des pommes de terre de la variété Charlotte, reconnaissables à leur forme oblongue et à leur peau jaune, elles possèdent l'avantage de bien se tenir à la cuisson. En été, le chef vous suggère d'utiliser des légumes de saison comme les courgettes, les tomates et même les aubergines.

Bourek batata

4 personnes
Difficulté : Facile
Préparation : 30 min
Cuisson : 40 min

Ingrédients

500 g de pommes de terre
4 feuilles de brick
3 œufs
1 c. à c. de cumin
1 botte de persil plat
Huile de friture
Sel, poivre

Décoration :
Feuilles de persil plat

1. Épluchez les pommes de terre. Faites-les cuire 20 min dans une casserole d'eau bouillante. Laissez refroidir. À l'aide dune fourchette, écrasez les pommes de terre refroidies.

2. Lavez et essuyez la botte de persil. Hachez les feuilles. Déposez sur les pommes de terre écrasées le persil haché. Salez, poivrez. Ajoutez le cumin.

3. Versez les œufs entiers sur la farce aux pommes de terre. Mélangez bien. Découpez les feuilles de brick en 3 bandeaux. Déposez de la farce sur le bord de chaque bande.

4. Pliez les feuilles de brick en forme de triangle et de cigare (voir "Bon à savoir"). Faites-les frire dans l'huile très chaude. Épongez dans du papier absorbant. Dressez les bourek dans un plat. Décorez de persil.

Bon à savoir :

Notre chef a souhaité présenter les bourek en forme de triangles et de cigares. Pour les premiers, il suffit de répartir la farce à une extrémité de la feuille coupée en bandeau. Pliez ensuite une fois à gauche, puis une fois à droite comme pour la border. Pour les seconds, placez la farce de la même façon. Rabattez les deux bords du bandeau, maintenez-les avec deux doigts et roulez.

Brick en cigares à la viande hachée

4 personnes
Difficulté : Facile
Préparation : 30 min
Cuisson : 5 min

Ingrédients

8 feuilles de brick
250 g de veau haché
1 oignon vert
1 citron
Quelques brins de persil
Huile de friture
Sel, poivre

1. Épluchez l'oignon et hachez-le très finement. Coupez les queues des brins de persil, lavez les brins puis essuyez-les. Ciselez-les très finement. Mettez la viande hachée dans une terrine, ajoutez l'oignon haché et les brins de persil ciselés.

2. Salez, poivrez et mélangez bien. Disposez une feuille de brick sur un plan de travail. Prélevez un peu de farce à la viande et roulez-la entre les paumes des mains de manière à former un boudin de 8 à 10 cm.

3. Placez le boudin au milieu de la feuille, à quelques centimètres du bord. Rabattez les deux côtés de la feuille sur le boudin sans le recouvrir tout à fait. Enroulez la feuille de brick autour du boudin, de manière à former un cigare.

4. Faites de même avec les autres feuilles de brick. Faites chauffer un fond d'huile. Faites frire les cigares sur feu moyen 5 min, en les retournant pour qu'ils soient bien dorés des deux côtés. Égouttez-les sur du papier absorbant. Dégustez avec un filet de jus de citron.

Bon à savoir :

Pour réaliser cette recette il est possible de varier les viandes en utilisant de l'agneau ou du poulet ou encore de les garnir avec du fromage ou des épinards. Vous pouvez également rehausser la farce avec quelques brins de coriandre, une pincée de paprika ou de cannelle. Les feuilles de brick sont vendues superposées dans des sachets en plastique. Une fois le paquet ouvert, conservez-les au frais en les couvrant d'un torchon humide.

Briouates à la viande

4 personnes
Difficulté : Facile
Préparation : 20 min
Cuisson : 20 min

Ingrédients

500 g de feuilles de pastilla
500 g de poitrine de bœuf
1 oignon
1/2 botte de persil
5 cl d'huile d'arachide
100 g de beurre
3 œufs
1 sachet de colorant rouge en poudre
1 c. à c. de sel
1/2 c. à c. de poivre blanc
Huile de friture

1. Coupez la poitrine de bœuf en gros cubes. Mettez le hachoir électrique en marche, et introduisez les morceaux de viande un à un dans la goulotte. Pour finir, hachez le persil de la même façon. Mélangez les 2 hachis, en réservant 1 c. à s. de persil. Épluchez et émincez l'oignon. Hachez-le.

2. Mettez 5 cl d'huile et 100 g de beurre à chauffer dans une sauteuse, puis faites suer l'oignon 5 min. Additionnez de colorant rouge et du persil réservé. Mélangez. Ajoutez alors dans la casserole la viande hachée mêlée de persil. Salez et poivrez. Mélangez bien à la cuillère. Remettez à cuire 5 min, en remuant toujours.

3. Lorsque la préparation commence à colorer, ajoutez 2 œufs crus. Faites cuire de nouveau 5 min en mélangeant constamment à la cuillère, le temps que les œufs cuisent un peu. Coupez une feuille de pastilla en 2. Repliez les bords gauche et droit d'1/2 feuille. Enduisez les extrémités avec de l'œuf battu.

4. Posez un peu de farce au bas de la feuille. Repliez en triangle de gauche et de droite jusqu'à l'extrémité de la pâte. Scellez avec de l'œuf. Faites chauffer de l'huile de friture à 180°C. Plongez les briouates dedans, et laissez-les frire 4-5 min, jusqu'à ce qu'ils soient joliment dorés. Déposez-les sur un papier absorbant. Dressez-les sur de petites assiettes, et décorez-les de persil.

Bon à savoir :

Les feuilles de pastilla qui renferment la farce parfumée permettent une multitude de recettes. La pâte est délicate à réaliser, et la plupart des Marocaines se la procurent maintenant toute prête. La cuisinière qui prépare les feuilles de pastilla doit les faire cuire avec légèreté et rapidité afin qu'elles soient fines et juteuses.

Carottes au cumin

4 personnes
Difficulté : Facile
Préparation : 15 min
Cuisson : 10 min

Ingrédients

400 g de carottes
2 gousses d'ail
Quelques branches de persil plat
1/2 c. à s. de cumin en poudre
3 c. à s. de vinaigre blanc
2 c. à s. d'huile végétale
Sel, poivre

1. Épluchez les carottes. Découpez-les en rondelles régulières. Déposez les carottes dans un récipient, salez-les. Faites chauffer une casserole d'eau. Déposez les carottes dans un cuit-vapeur et faites-les cuire environ 10 min.

2. À la fin de la cuisson des carottes, plongez-les immédiatement dans un récipient d'eau glacée et égouttez-les. Dans un mortier, déposez les gousses d'ail hachées et le cumin.

3. Pilez afin d'obtenir une pâte. Dans un bol, déposez le sel et le poivre. Versez le vinaigre et ajoutez l'huile. Mélangez la vinaigrette.

4. Déposez sur les carottes, la pâte d'ail et cumin. Mélangez bien. Versez la vinaigrette. Saupoudrez de persil haché. Dressez.

Bon à savoir :

Dans la cuisine algérienne et en particulier dans cette recette, le cumin est une épice majeure. Appelée kémoun, cette plante aromatique et originaire du Turkestan. Une fois réduites en poudre, ses graines oblongues et striées diffusent une saveur chaude, piquante et légèrement amère. Afin de donner à cette entrée sa dimension traditionnelle, il est indispensable d'utiliser un pilon pour écraser les gousses d'ail hachées et les imprégner de cumin.

Fines salades marocaines

4 personnes
Difficulté : Très facile
Préparation : 1 h
Cuisson : 2 h 30 env.

Ingrédients

Potiron Mâassel :
3 kg de potiron rouge
80 g d'écorce de cannelle
350 g de sucre semoule
10 cl d'huile d'arachide
1 pincée de pistils de safran
15 g de gomme arabique

Tomates confites sucrées :
2,5 kg de tomates
50 g d'écorce de cannelle
400 g de sucre semoule
1 pincée de pistils de safran
10 cl d'huile d'arachide
20 g de gomme arabique

Tomates et poivrons grillés :
1 kg de tomates fraîches
500 g de poivrons rouges
500 g de poivrons verts
Coriandre et persil
4 gousses d'ail
2 c. à s. d'huile d'olive
1 c. à c. de cumin
1 c. à c. de piment de Cayenne
Sel, poivre

Aubergines à la chermoula :
4 aubergines, 4 gousses d'ail
1 c. à s. de concentré de tomates
Coriandre et persil
1 c. à c. de piment de Cayenne
1 c. à c. de cumin
10 cl d'huile d'arachide
Vinaigre, sel

1. Coupez le potiron en tranches. Épluchez-les et détaillez-les en petits morceaux. Versez-les dans une marmite avec le sucre, les pistils de safran, la gomme arabique, la cannelle et l'huile. Couvrez. Laissez cuire 1 h à 1 h 20 jusqu'à obtention d'une purée confite. Pour les tomates confites, mondez 2,5 kg de tomates. Coupez-les en rondelles.

2. Ajoutez les pistils de safran, la gomme arabique, la cannelle, le sucre et l'huile. Passez au four à 150°C, pendant 1 h à 1 h 15 jusqu'à ce que les tomates soient confites. Pour les tomates et poivrons grillés, mélangez des rondelles de tomates crues, de l'ail haché, de la coriandre hachée, du persil haché, du piment de Cayenne, du cumin, du poivre et du sel.

3. Arrosez d'huile d'olive. Laissez réduire 20 à 25 min sur feu doux.Faites cloquer les poivrons sur le gaz ou sous le gril du four. Plongez-les dans de l'eau froide, épluchez-les. Coupez-les en lanières. Ajoutez-les dans la préparation précédente. Remettez à cuire encore 5 min.

4. Dans une terrine, préparez une chermoula en mélangeant persil et coriandre hachés, piment de Cayenne, concentré de tomates, 2 gousses d'ail écrasées, vinaigre, cumin et huile. Mélangez à la cuillère jusqu'à obtention d'une pâte homogène. Coupez les aubergines en 2, ouvrez-les et pochez-les 20 min dans de l'eau salée parfumée d'ail. Égouttez et recouvrez de chermoula. Laissez mariner 6 h.

Bon à savoir :

Les Marocains sont amateurs de salades à base de légumes cuits. Sur la table, on posera les salades en même temps que les tajines et le méchoui, car ces plats ne comportent pas de garniture à l'européenne. Des centaines de variétés de salades figurent aux menus des Marocains.

Kēmia de fenouil, fēves et pois chiches

4 personnes
Difficulté : Facile
Préparation : 35 min
Cuisson : 50 min
Trempage des pois chiches et fèves : 12 h

Ingrédients

70 g de pois chiches
2 fenouils
70 g de fèves

Sauce de base :

6 gousses d'ail
3 bottes de coriandre
1 c. à c. de carvi
1 c. à c. de cumin
1 c. à c. de paprika
3 c. à s. de vinaigre blanc
9 c. à s. d'huile d'olive
Sel, poivre

1. La veille, faites tremper séparément les pois chiches et les fèves dans des récipients remplis d'eau. Pelez les fèves. Faites-les cuire ainsi que les pois chiches séparément dans de l'eau salée, environ 40 min.

2. Pour la sauce de base, épluchez et hachez les gousses d'ail. Lavez et hachez la coriandre. Pilez les condiments avec le sel, le poivre, le cumin, le paprika et le carvi. Lavez les bulbes de fenouil. Découpez-les en petits dés et faites-les cuire à la vapeur 15 min.

3. Déposez les ingrédients de base pilés dans une casserole versez un peu d'eau et l'huile d'olive. Faites revenir 5 min. Répartissez la sauce dans 3 casseroles. Déposez dans une des casseroles de sauce, le fenouil.

4. Laissez mijoter 5 min. Versez 1 c. à s. de vinaigre. Ajoutez les fèves dans une des casseroles et les pois chiches dans la dernière. Versez le vinaigre. Dressez chaque kémia avec de la coriandre fraîche.

Bon à savoir :

Pour réaliser ces kémia, vous devez faire tremper 12 h les pois chiches et les fèves. Cette opération est indispensable pour rendre ces légumineuses digestes. N'oubliez pas également de retirer la peau des fèves avant de les cuire. Riche en vitamine C, le fenouil est réputé pour être digeste. Vous le trouverez en abondance sur les étals des marchés durant l'hiver. Notre chef vous conseille de choisir des bulbes de petite taille.

Kēmia de piments, olives et haricots

4 personnes
Difficulté : Très facile
Préparation : 35 min
Cuisson : 50 min
Trempage des haricots : 12 h

Ingrédients

75 g de haricots blancs secs

Sauce de base :

2 gousses d'ail
1 botte de coriandre
1/2 c. à c. de carvi et cumin
1/2 c. à c. de paprika
2 c. à s. de vinaigre blanc
3 c. à s. d'huile d'olive
Sel, poivre

Kémia d'olives :

150 g d'olives noires et vertes
2 gousses d'ail
1 poivron rouge
1 botte de coriandre
1 c. à c. de paprika
2 c. à s. d'huile d'olive
1 c. à s. de vinaigre blanc
Sel, poivre

Kémia de piments :

8 piments verts
1 botte de coriandre
2 c. à s. d'huile d'olive
Sel

1. La veille, faites tremper les haricots secs dans un récipient rempli d'eau. Faites-les cuire environ 40 min dans de l'eau salée. Pour les haricots, préparez la sauce de base : épluchez et hachez les gousses d'ail. Lavez et hachez la coriandre.

2. Pilez les condiments avec le sel, le poivre, le cumin, le paprika et le carvi. Pour les olives, lavez et coupez le poivron en tout petits dés. Mélangez-les aux olives avec l'huile d'olive, le sel, le poivre, l'ail écrasé, le paprika et le vinaigre.

3. Déposez la sauce de base dans une casserole avec l'huile d'olive. Faites-la cuire 5 min. Déposez les haricots dans la sauce de base. Faites revenir 5 min. Versez le vinaigre.

4. Dressez-les avec la coriandre. Faites griller les piments au four, 10 min. Pelez-les et épépinez-les. Découpez-les en petits morceaux. Mélangez-les avec l'huile d'olive, sel et coriandre. Dressez les kémia.

Bon à savoir :

Faciles à réaliser, ces petits mets sont à découvrir l'été, lorsque les piments verts sont au summum de leur maturité. Appelés felfel har en langue arabe, ils dévoilent une saveur piquante, même brûlante. Si vous désirez atténuer le goût fort, ne consommez ni les graines, ni les membranes inférieures blanchâtres. Afin de les peler facilement faites-les griller au four une dizaine de minutes. Retirez la peau avec les doigts, puis épépinez-les et détaillez-les en petits morceaux.

Kēmia terre-mer

4 à 6 personnes
Difficulté : Facile
Préparation : 1 h
Cuisson : 40 min env.

Ingrédients

Salade de la mer :
100 g de calamars
100 g de maigre
1 oignon, 1 citron, safran
Huile d'olive, sel, poivre

Salade tomates - poivrons verts :
2 poivrons, 2 tomates
2 gousses d'ail
Coriandre, persil
Cumin, vinaigre blanc
Huile d'olive, huile de friture
Sel, poivre

Salade de courgette :
1 courgette, 1 oignon
1 gousse d'ail, safran
Paprika, huile d'olive

Salade de concombre :
1 concombre, 1 tomate
Persil, 1 oignon
Cumin, huile d'olive
Vinaigre blanc, sel, poivre

Salades de poivrons :
2 poivrons jaunes et rouges
2 oignons, 2 gousses d'ail
Persil, huile d'olive
Sel, poivre

Salade de carottes :
2 carottes, paprika, cumin
Persil, coriandre
Vinaigre blanc, huile d'olive
Sel, poivre

1. Salade de la mer : videz et détaillez les calamars. Faites suer, dans 1 c. à s. d'huile d'olive, 1/2 oignon parsemé de sel, poivre et 1 pincée de safran. Ajoutez les calamars, laissez dorer. Faites de même avec le maigre. Dans chacune, ajoutez le jus d'1/2 citron. Salade tomates-poivrons : passez les poivrons en friture, épluchez-les et hachez-les.

2. Mondez, épluchez, hachez les tomates, ainsi que coriandre, persil et ail. Mélangez tomates, poivrons, persil, coriandre, sel, poivre, 1 pincée de cumin, ail, 1 filet d'huile et de vinaigre. Salades de courgette et concombre : coupez la courgette en dés. Faites revenir dans 2 c. à s. d'huile, oignon et ail hachés, ajoutez les dés de courgette au safran et paprika.

3. Mélangez dés de concombre et tomate, persil et oignon hachés, cumin, sel, poivre, huile et vinaigre. Salades de poivrons : faites revenir dans l'huile 1 oignon et 1 gousse d'ail hachés. Salez et poivrez. Faites fondre les poivrons rouges dedans, et parsemez avec la moitié du persil haché.

4. Préparez la même salade avec les poivrons jaunes. Salade de carottes : coupez les carottes en bâtonnets, pochez-les à l'eau salée. Égouttez. Mélangez les carottes avec sel, poivre, 1 pincée de paprika et cumin, persil et coriandre hachés, 1 filet de vinaigre et d'huile d'olive.

Bon à savoir :

La plupart des Marocains ne sauraient accueillir leurs invités sans leur proposer un assortiment de kémia. Dans sa salade de la mer, le chef a haché les calamars puis les a fait sauter à cru dans de l'huile d'olive. Mais vous pouvez également les pocher à l'eau bouillante citronnée. Rafraîchissez-les immédiatement dans de l'eau glacée pour qu'ils restent bien tendres. Le maigre est un grand poisson à chair très fine de la même famille que l'ombrine.

M'hancha au poulet et fruits de mer

4 personnes
Difficulté : Difficile
Préparation : 1 h
Cuisson : 35 min

Ingrédients

320 g de chair de poulet
300 g de champignons de Paris
100 g de calamars
2 filets de poisson blanc
100 g de petites crevettes cuites et décortiquées
4 oignons moyens
2 gousses d'ail
5 g de pistils de safran
1/2 sachet de colorant safran
1,5 c. à c. de piment doux en poudre
1 pincée de gingembre
1 c. à s. d'huile d'olive
10 cl d'huile d'arachide
1 botte de persil plat
1 botte de coriandre fraîche
80 g de vermicelles chinois
8 feuilles de pastilla
60 g de beurre frais
1 œuf, 1 citron
Sel, poivre

1. Trempez les vermicelles 15 min. Coupez poulet et champignons en dés. Détaillez les calamars. Faites suer dans 1 c. à s. d'huile d'olive et d'arachide, ail et oignon hachés et safranés. Ajoutez poulet, calamars, champignons, sel, poivre, colorant, gingembre et piment. Faites cuire ces ingrédients pendant 8 min. Au bout de ce temps, ajoutez les vermicelles détaillés au couteau.

2. Mélangez. Faites cuire 6-8 min. Ajoutez les poissons et les crevettes émincés. Continuez la cuisson 8 à 10 min. En fin de cuisson, additionnez la préparation avec le persil et la coriandre ciselés. Mélangez de nouveau. À la cuillère, incorporez le beurre pour bien ramollir la farce. Pressez un citron par-dessus.

3. Mélangez. Transférez la farce sur une plaque et laissez refroidir. D'autre part, battez 1 jaune d'œuf dans un petit bol. Faites chevaucher légèrement sur le plan de travail deux feuilles de pastilla. Déposez une ligne de farce en bas des deux feuilles. Roulez délicatement du bas vers le haut, en serrant. Scellez les extrémités du "boudin" à l'œuf battu.

4. Passez de l'huile d'arachide le long du "boudin". Puis repliez-le doucement sur lui-même, en forme de serpent enroulé (m'hancha). Collez les bouts au jaune d'œuf. Formez 3 autres m'hancha. Sur une plaque huilée, faites-les cuire env. 5 min au four préchauffé à 200°C.

Bon à savoir :

Lorsque vous ferez cuire les petits dés de poulet avec les champignons, n'hésitez pas à ajouter du fond de poisson ou de crevettes, pour attendrir les ingrédients et leur apporter plus de saveur. Une fois confectionnée, prenez soin de laisser refroidir la farce avant de garnir la pâte. Ce sera la garantie pour que les m'hancha n'éclatent pas en cuisson. L'assortiment de fruits de mer dépendra de l'arrivage. Vous pouvez y incorporer moules, clams, coquilles Saint-Jacques.

Petits légumes farcis à la tunisoise

4 personnes
Difficulté : Facile
Préparation : 45 min
Cuisson : 40 min
Repos de la farce : 10 min

Ingrédients

250 g d'aubergines
4 tomates, 2 citrons
300 g de courgettes
500 g de pommes de terre
200 g de piments doux verts
Sel, poivre

Farce :

500 g de bœuf haché
100 g de persil, 1 oignon
100 g de gruyère râpé
50 g de riz, 1 œuf
1 c. à c. de carvi
1 c. à c. de harissa
Huile de friture, sel

Coulis de tomates :

750 g de tomates
2 gousses d'ail
1 pincée de pistils de safran
10 cl d'huile d'olive
Sel, poivre

1. Préparez la farce en faisant blanchir le riz environ 10 min. Dans un saladier, incorporez la viande de bœuf hachée, l'oignon émincé, le persil haché, le gruyère râpé, le riz blanchi. Salez, ajoutez le carvi, la harissa. Mélangez. Laissez reposer environ 10 min.

2. Pour le coulis, lavez, mondez et épépinez les tomates et réduisez-les en purée. Lavez les 4 tomates restantes ainsi que les citrons, courgettes, aubergines, piments. Épluchez les pommes de terre. Coupez les courgettes en tronçons. Épépinez les piments. Évidez tous ces légumes.

3. Préparez la sauce en faisant revenir dans 10 cl d'huile d'olive, la purée de tomate, les gousses d'ail écrasées. Salez, poivrez. Ajoutez 1/2 verre d'eau safranée. Faites revenir jusqu'à évaporation de l'eau de végétation. Versez de l'eau et laissez cuire environ 10 min. Faites blanchir les citrons évidés.

4. Garnissez de farce les courgettes, pommes de terre, tomates, citrons et piments. Cassez l'œuf et battez-le. Badigeonnez la farce des légumes avec un peu d'œuf battu. Plongez délicatement les légumes dans l'huile de friture. Mettez les légumes farcis dans un plat. Versez dessus le coulis. Faites cuire au four, pendant 10 min, à 180°C. Dressez les petits farcis dans un plat.

Bon à savoir :

Dans la région de Tunis, les petits légumes farcis se dégustent souvent en famille. La farce se prépare avec de la viande hachée de bœuf ou d'agneau. Très parfumée, elle se marie idéalement aux légumes. Au moment de frire ces derniers, notre chef vous recommande de badigeonner légèrement la farce d'œuf battu. Ainsi, ils conserveront leur bel aspect. Selon votre humeur, vous pouvez verser directement le coulis de tomates sur les légumes ou le présenter séparément.

Poêlée de courgettes et d'oignons

4 personnes
Difficulté : Très facile
Préparation : 15 min
Cuisson : 20 min

Ingrédients

500 g de courgettes
2 oignons moyens
2 c. à s. de vinaigre blanc
Huile d'olive
Sel, poivre

1. Grattez les courgettes. Coupez-les légumes en rondelles d'égale grosseur. Épluchez les oignons et découpez-les en rondelles d'égale grosseur.

2. Salez les courgettes. Déposez-les dans une poêle anti-adhésive avec l'huile d'olive. faites-les frire. Épongez-les dans du papier absorbant.

3. Retirez un peu d'huile de la poêle. Déposez-les oignons. Faites-les blondir. Salez, poivrez. Déposez dans la préparation des oignons les rondelles de courgettes. Mélangez. Faites revenir à feu doux.

4. Versez le vinaigre blanc sur la poêlée d'oignons et courgettes. Laissez revenir 2 min. Dressez le plat dans les assiettes.

Bon à savoir :

La courgette est riche en eau et peu énergétique, elle s'accommode à toutes les sauces : on peut la faire mijoter, la cuire au four ou à la vapeur, la fariner et la frire, la consommer grillée ou farcie. À l'achat, préférez de petites courgettes, qui possèdent l'avantage d'avoir peu de pépins. La couleur doit être uniforme, elle ne doit pas être tachée. Pour épluchez les oignons sans désagrément, placez-les dix minutes au congélateur ou une heure dans le réfrigérateur. Pour les peler facilement, plongez-les une minute dans l'eau bouillante.

Poivrons et fèves marinés, mousse de chèvre

4 personnes
Difficulté : Facile
Préparation : 35 min
Cuisson : 15 min
Marinade : 30min

Ingrédients

4 poivrons rouges
500 g de fèves fraîches
250 g de fromage de chèvre frais
1 c. à c. d'origan séché
1 c. à s. d'huile d'olive
Sel

Marinade :

1 citron
4 gousses d'ail
2 c. à s. d'origan séché
3 c. à s. d'huile d'olive
Sel, poivre

Décoration :

Thym, feuilles de persil

1. Faites griller les poivrons en position grill, entre 10 et 15 min. Pelez-les et épépinez-les. Coupez les poivrons en julienne. Pressez le citron de la marinade et réservez le jus.

2. Préparez la marinade en versant dans un saladier le jus de citron réservé. Ajoutez l'origan séché, les gousses d'ail écrasées, l'huile d'olive. Salez, poivrez. Mélangez. Disposez délicatement les poivrons dans la préparation et faites-les mariner 30 min.

3. Écossez les fèves. Faites-les blanchir dans de l'eau salée, environ 2 min. Rafraîchissez-les dans de l'eau glacée. Enlevez-leur la peau, émincez-les et faites-les mariner avec les poivrons. Dans un bol, écrasez le fromage de chèvre avec l'origan et l'huile d'olive.

4. Mélangez. À l'aide de 2 cuillères à soupe, confectionnez des quenelles. Décorez-les de fèves. Dressez la salade de poivrons et de fèves dans l'assiette, placez 1 quenelle, décorez avec 1 feuille de persil et du thym émietté.

Bon à savoir :

Il est impératif de peler les poivrons, après les avoir passés au gril. Ces fruits du piment doux possèdent une chair épaisse et une saveur suave. Assez fragiles, ils se conservent difficilement. Choisissez-les bien durs, lisses, le pédoncule assez vert et rigide sans taches, ni flétrissures. Selon vos goûts, vous pouvez éventuellement remplacer le fromage de chèvre frais par de la ricotta, fromage italien très réputé.

Radhkha de Tozeur

4 personnes
Difficulté : Très facile
Préparation : 40 min

Ingrédients

800 g de tomates
150 g de piments verts doux
4 gousses d'ail
70 g de thon à l'huile
1/2 citron
10 cl d'huile d'olive
Sel

Décoration :

100 g d'olives noires

1. Lavez les tomates et coupez-les en petits dés. Lavez les piments, fendez-les en 2. Épépinez-les et coupez-les en petits dés. Émiettez le thon.

2. Épluchez les gousses d'ail. Dans un mortier, pilez-les. Dans un récipient, ajoutez les dés de tomates et les piments et pilez-les. Ajoutez les gousses d'ail pilées.

3. Versez 10 cl d'huile d'olive, ajoutez le thon émietté. Mélangez. Avec le dos d'une grande cuillère, écrasez le mélange.

4. Ajoutez le sel et pressez le 1/2 citron. Enlevez les pépins. Dressez la salade radhkha dans les assiettes. Décorez avec les olives noires.

Bon à savoir :

Ingrédients quasi-indispensables de la tradition culinaire tunisienne, les piments comme les tomates appartiennent à la famille des solanacées. Ces plantes furent introduites, dans la région de Tozeur, par les Arabos-Andalous. En tunisie, il existe de très nombreuses variétés de piments frais ou séchés. Leur saveur piquante va du doux au très fort. Pour réaliser cette recette, vous devez les épépiner et les couper en petits dés avant des les piler. Pensez à vous rincer les mains après les avoir manipulés.

Salade berbère

4 personnes
Difficulté : Très facile
Préparation : 25 min
Cuisson : 30 min

Ingrédients

120 g d'aubergines
100 g de tomates
120 g de courgettes
1 poivron vert
1 poivron rouge
2 oignons
1 botte de coriandre fraîche
1/2 botte de persil
2 gousses d'ail
1 c. à c. de paprika
2 c. à s. d'huile d'olive
Sel, poivre

1. Mondez les tomates pour les peler. Coupez-les en fines lamelles ainsi que les poivrons, les courgettes et les aubergines. Émincez les oignons. Hachez le persil et la coriandre.

2. Écrasez les gousses d'ail. Faites suer les oignons émincés avec 2 c. à s. d'huile d'olive. Ajoutez le paprika. Salez, poivrez. Ajoutez les lamelles de courgettes, aubergines et poivrons.

3. Versez un peu d'eau. Faites cuire à couvert et à feu doux, environ 15 min. Disposez les lamelles de tomates dans la préparation.

4. Ajoutez le persil et la coriandre hachés et les gousses d'ail écrasées. Laissez cuire, environ 10 min. Dressez la salade berbère dans les assiettes.

Bon à savoir :

Évitez de prendre des aubergines trop grandes, elles sont souvent remplies de graines. Ce conseil est également valable pour les courgettes. Préférez-les petites et très dures y compris aux extrémités. Dans cette recette, elles se préparent avec la peau. Notre chef vous recommande de les gratter légèrement avant de les faire cuire. Quant aux tomates, elles doivent être plongées quelques secondes dans de l'eau bouillante. Cette opération permet de les peler facilement.

Salade d'aubergines de l'Ouest

4 personnes
Difficulté : Très facile
Préparation : 20 min
Cuisson : 1 h

Ingrédients

500 g d'aubergines
3 tomates
2 gousses d'ail
1 botte de persil plat
1/2 c. à c. de cumin
1/2 c. à c. de paprika
3 c. à s. d'huile d'olive
Sel, poivre

Décoration :

Olives vertes

1. Lavez et essuyez les aubergines. Coupez-les en petits dés d'égale grosseur. Faites cuire les aubergines à la vapeur environ 30 min.

2. Mondez les tomates afin de les peler. Épépinez-les et coupez-les en dés. Lavez et essuyez le persil. Hachez-le. Épluchez l'ail et écrasez-le.

3. Déposez dans un poêlon les dés de tomates, l'ail, l'huile d'olive. Salez, poivrez. Saupoudrez de cumin et de paprika. Faites revenir 15 min.

4. Déposez les aubergines dans la préparation des tomates. Faites cuire 15 min. Dressez la salade. Décorez avec les olives vertes.

Bon à savoir :

Choisissez des aubergines pas trop grandes, souvent remplies de graines. Sachez qu'il est préférable de les faire dégorger trente minutes dans du sel afin d'ôter l'amertume. Succulentes les aubergines ainsi apprêtées peuvent à l'occasion être remplacées par des courgettes. Le chef vous suggère également d'essayer cette recette avec des poivrons. Dans ce cas, sachez qu'il est inutile de les relever de cumin.

Salade d'épinards à l'huile d'argane

4 personnes
Difficulté : Très facile
Préparation : 30 min
Cuisson : 25 min

Ingrédients

2 kg d'épinards frais en branches
10 cl d'huile d'argane
1 botte de persil
1 botte de coriandre
1 gousse d'ail
1 pincée de pistils de safran
1 pincée de cumin moulu
1 pincée de paprika
1 citron confit
250 g de tomates fraîches
200 g d'olives rouges
Sel, poivre noir

1. Rincez les épinards sous l'eau courante. Hachez-les grossièrement au couteau. Faites-les cuire à la vapeur pendant une dizaine de minutes. Laissez tiédir. Pressez les épinards un peu refroidis entre vos mains, en une grosse boule pour extraire le maximum de jus.

2. Préparez la chermoula : dans un sautoir, versez huile d'argane, persil et coriandre hachés, ail pilé, sel, poivre, safran, cumin, paprika et petits cubes de citron confit. Laissez mijoter sur le feu, tout en mélangeant.

3. Mondez 200 g de tomates en les plongeant dans une casserole d'eau bouillante. Ouvrez-les en deux. Épépinez-les. Détaillez-les en quartiers puis hachez-les. Hachez également les olives rouges. Lorsque la chermoula est bien fondue et réduite, ajoutez-lui la concassée de tomates.

4. Laissez fondre les tomates environ 5 min sur le feu, en mélangeant. Ajoutez alors les épinards hachés dans la chermoula. Faites revenir un instant à feu vif, en remuant. Ajoutez au dernier moment les olives hachées. Décorez avec les tomates restantes et servez bien frais.

Bon à savoir :

En assaisonnant sa salade à l'huile d'argane, le chef lui confère un accent typique du Sous, région du sud-ouest marocain proche d'Agadir. La fabrication de cette huile est restée très familiale et traditionnelle. C'est au prix d'un dur labeur que les femmes arrivent à extraire à peine un litre d'huile au bout de 10 heures de préparation. Cent kilos de fruits séchés donnent en moyenne 3,3 litres d'huile.

Salade de fèves au cumin et harissa

4 personnes
Difficulté : Très facile
Préparation : 10 min
Cuisson : 15 min

Ingrédients

2 kg de fèves fraîches
15 cl d'huile d'olive
2 c. à c. de cumin
2 c. à c. de harissa
1 citron
1/2 c. à c. de poivre
sel

1. Écossez les fèves. Lavez-les en conservant la peau. Pressez le citron et réservez son jus. Mettez l'écorce de citron restante dans de l'eau. Portez à ébullition.

2. Faites cuire les fèves dans l'eau avec l'écorce de citron 10 à 15 min. Lorsque celles-ci se frippent, c'est qu'elles sont cuites. Égouttez les fèves. Refroidissez-les à l'air ambiant. Réservez-les au frais.

3. Enlevez l'écorce de citron. Préparez l'assaisonnement, en mettant dans un bol 2 c. à c. de harissa et 15 cl d'huile d'olive. Ajoutez 2 c. à c. de cumin et le jus du citron réservé. Salez, poivrez.

4. Assaisonnez les fèves de la sauce à la harissa et au cumin. Servez frais.

Bon à savoir :

Cette salade de fèves au cumin et harissa est très appréciée dans les familles tunisiennes. Pour mieux les apprécier, notre chef vous recommande de préparer ce mets avec des fèves printanières. Nous vous recommandons d'ajouter petit à petit la harissa. Vous goûterez le plat, à chaque étape de sa préparation, pour mieux mesurer sa force plutôt que d'incorporer directement les deux cuillères préconisées par la recette.

Salade de poulpe à la tunisienne

4 personnes
Difficulté : Très facile
Préparation : 25 min
Cuisson : 45 min

Ingrédients

1 kg de poulpe
80 g d'oignon
150 g de tomates fraîches
50 g de persil plat
1 laitue
4 c.à s. d'huile d'olive
1/2 citron
Sel, poivre

Décoration :

50 g de radis
2 citrons
16 olives noires

1. Rincez le poulpe. Détaillez-le en gros morceaux. À l'aide d'une batte à viande ou d'un bâton, aplatissez-le énergiquement à de nombreuses reprises pour l'attendrir. Plongez le poulpe dans un faitout rempli d'eau froide.

2. Portez doucement à ébullition, et laissez cuire environ 45 min, jusqu'à ce qu'il soit tendre. Avec une araignée, prélevez les morceaux de poulpe dans le jus de cuisson. Transférez-les dans une marmite remplie d'eau froide et de glaçons.

3. Pendant ce temps, pressez le citron (réservez le jus). Concassez les tomates (non épluchées). Pelez et hachez l'oignon. Ciselez le persil. Détaillez le poulpe en fines lamelles. Mélangez oignon, tomates et persil dans un saladier. Ajoutez les lamelles de poulpe dans cette salade.

4. Arrosez la salade avec le jus de citron et un filet d'huile d'olive. Salez et poivrez. Dressez-la dans des feuilles de laitue. Décorez de lamelles d'olives noires, de petits morceaux de radis et éventuellement de morceaux de citron.

Bon à savoir :

Le poulpe doit toujours être battu au moins 15 min avant sa mise en cuisson. Pour savoir si vous l'avez suffisamment attendri, tirez un peu la peau au niveau d'une ventouse. Une petite déchirure doit se produire. Il faut veiller à l'exacte cuisson du poulpe afin qu'il devienne pas caoutchouteux. Avec la pointe d'un couteau, piquez-le pour voir s'il est tendre et cuit. Lorsque vous jugez qu'il est à point, sortez-le de son jus et plongez-le dans un récipient d'eau glacée, ce qui aura pour effet de stopper immédiatement la cuisson.

Salade de tomates confites

4 personnes
Difficulté : Très facile
Préparation : 30 min
Cuisson : 45 min

Ingrédients

1 kg de tomates
5 ou 6 bâtons de cannelle
500 g de sucre semoule
10 cl d'eau de fleur d'oranger
20 cl d'huile d'arachide
2 g de sel fin
1 g de pistils de safran
1 pincée de colorant safran

1. Enlevez le pédoncule des tomates. Fendez la chair en croix à l'extrémité opposée. Faites chauffer une grande casserole d'eau. Plongez les tomates dedans. Lorsque la peau se soulève, retirez-les de l'eau avec une écumoire.

2. Rafraîchissez aussitôt les tomates dans un récipient d'eau glacée. Avec un petit couteau, soulevez délicatement leur peau et retirez-la complètement. Coupez toutes les tomates dans le sens de la largeur, en deux moitiés égales. Éliminez le maximum de pépins.

3. Sur la plaque du four, disposez chaque moitié de tomate avec le côté bombé en-dessous. Dispersez sur les tomates du sel, du colorant safran, les pistils de safran et les bâtons de cannelle.

4. Ajoutez le sucre, un large filet d'eau de fleur d'oranger et l'huile d'arachide. Recouvrez avec un grand morceau de papier d'aluminium. Faites confire au four à 150°C, pendant 45 min. Servez tiède ou froid.

Bon à savoir :

Pour réaliser parfaitement cette recette, choisissez de belles tomates rondes et très rouges, de taille moyenne. Elles doivent être bien fermes et contenir peu de jus. Ceci est d'autant plus important que l'on va ajouter des liquides : l'eau de fleur d'oranger et l'huile. Après les avoir épluchées, égouttées et débarrassées des pépins, il doit encore rester une bonne quantité de chair.

Salade ganaria

4 personnes
Difficulté : Facile
Préparation : 40 min
Cuisson : 25 min

Ingrédients

6 gros artichauts
3 citrons
1 citron confit
50 g d'olives vertes dénoyautées
100 g de mozzarella
2 œufs
2 tomates moyennes
50 g de persil
10 g de câpres
1 c. à c. de harissa
10 cl d'huile d'olive
Sel, poivre

Décoration :
Feuilles de laitue (facultatif)

1. Dans un saladier, pressez le jus de 2 citrons, ajoutez un peu d'eau. Avec un couteau à dent, équeutez et épluchez les 6 artichauts en les tournant jusqu'au fond. Enlevez le foin avec une cuillère. Mettez les fonds d'artichauts dans le saladier d'eau citronnée.

2. Émincez 2 fonds d'artichauts en fines lamelles de 2 à 3 mm et remettez-les dans l'eau citronnée. Faites blanchir les 4 autres fonds dans de l'eau bouillante pendant environ 25 min. Faites cuire les œufs et écalez-les.

3. Préparez les ingrédients de la garniture en pelant à vif le citron confit. Coupez la peau en très petits dés ainsi que la mozzarella et les olives vertes. Hachez très finement le persil, coupez les tomates et les œufs durs en tout petits dés. Mettez dans un saladier tous les ingrédients de la garniture. Ajoutez les lamelles d'artichauts et les câpres.

4. Mélangez délicatement. Presser le jus du citron restant et incorporez-le au mélange. Assaisonnez avec le sel, le poivre, la harissa et 10 cl d'huile d'olive. Mélangez. Égouttez les fonds d'artichauts blanchis. Garnissez-les avec les ingrédients. Dressez dans l'assiette, la salade ganaria. Décorez avec l'assaisonnement.

Bon à savoir :

La principale difficulté consiste à tourner les artichauts. Le fond charnu et tendre de l'artichaut se consomme une fois débarrassé de son foin. La base des feuilles est également comestible. Pour cette recette, préférez de gros artichauts, plus faciles à garnir. Si vous souhaitez les conserver quelques jours, plongez leur tige dans de l'eau. Après les avoir préparés, il est impératif de les tremper dans de l'eau citronnée. Ce procédé, évite l'oxydation.

Salade kerkenaise

4 personnes
Difficulté : Très facile
Préparation : 45 min
Cuisson : 30 min
Macération : 10 min

Ingrédients

1,5 kg de poulpe
3 tomates
1 oignon
1 gousse d'ail
1/2 bouquet de persil plat
2 citrons
1 laitue
10 cl d'huile d'olive
1 pincée de cumin
Sel, poivre noir moulu

Décoration :

Olives noires
2 œufs durs

1. Lavez soigneusement le poulpe. Séchez-le dans un papier absorbant. Faites-le cuire environ 30 min dans une casserole, recouvert d'eau. Égouttez-le. Découpez les tentacules du poulpe en gros dés. Réservez.

2. Dans un mortier, pilez ensemble l'ail et le sel jusqu'à obtention d'une pâte compacte. Rincez le persil. Réservez les feuilles. Pelez et taillez les tomates en petits dés. Pelez l'oignon et coupez-le en 2. Émincez-le très finement au petit couteau. Ciselez le persil.

3. Dans un saladier, rassemblez dés de poulpe, oignon, persil et tomates. Arrosez du jus des 2 citrons et d'1 filet d'huile d'olive. Salez, poivrez. Laissez macérer 10 min au frais, en remuant de temps en temps. Ajoutez 1 pincée de cumin.

4. Couvrez le fond de l'assiette avec des feuilles de laitue rafraîchies. Présentez la salade de poulpe au centre. Décorez d'olives noires et d'œufs durs. Servez frais.

Bon à savoir :

Les familles de Kerkena vivent de la culture des palmiers et surtout de la pêche. Le poulpe est pêché la nuit et c'est au matin qu'il est battu avec une tige de palmier, offrant ainsi une chair délicate. Le chef insiste sur l'emploi d'un poulpe battu, car celui-ci ne se défait jamais de sa tendreté, même après une longue cuisson et toujours couvert d'eau. À défaut, choisissez de petits poulpes à la chair délicate pour une courte cuisson.

Salade renga épicée

4 personnes
Difficulté : Très facile
Préparation : 20 min
Cuisson : 10 min

Ingrédients

4 filets de hareng
200 g de piments verts frais
100 g de piments rouges frais
2 gousses d'ail
20 g de câpres
2 tomates
1 c. à c. de cumin
1 c. à c. de coriandre en poudre
15 cl d'huile d'olive
Sel, poivre

Décoration (facultative) :

50 g d'olives noires dénoyautées
Feuilles de menthe

1. Lavez les piments verts et rouges. Équeutez-les et épépinez-les. Coupez-les en petits dés. Lavez les tomates, évidez-les et coupez-les en petits dés.

2. Faites revenir les dés de piments et de tomates dans 10 cl d'huile d'olive. Salez et poivrez le mélange. Ajoutez la coriandre, le cumin et les gousses d'ail écrasées. Laissez mijoter 3 min.

3. Préparez les rosaces de harengs en taillant les filets. Donnez-leur une forme rectangulaire. Réservez les parures. Dans le mélange de piments et tomates, ajoutez les parures de harengs.

4. Versez la préparation dans un saladier. Ajoutez les câpres et l'huile d'olive restante. Dressez dans l'assiette la salade renga, posez au centre une rosace de hareng. Décorez.

Bon à savoir :

Selon le temps de dessalage ou de fumage, on trouve les harengs fumés demi-sel et les fumés doux. Ces derniers constituent l'essentiel du marché du hareng fumé. Ce poisson regorge de similitudes avec la sardine et le maquereau par lesquels il peut être remplacé. Dans ce cas, vous devrez les blanchir pour préparer cette entrée.

Salade sirocco

4 personnes
Difficulté : Très facile
Préparation : 20 min
Cuisson : 20 min

Ingrédients

4 pommes de terre moyennes
2 ou 3 oignons verts
1 grosse tomate
4 brins de persil plat
2 œufs
8 filets d'anchois à l'huile (facultatif)
1 douzaine d'olives noires
3 c. à s. d'huile d'olive
1/2 c. à s. de vinaigre
Sel, poivre

1. Faites cuire les pommes de terre à l'eau 20 min avec un peu de sel. Égouttez-les, pelez-les et découpez-les en dés. Disposez-les dans un saladier et réservez-les au frais. Lavez, essuyez puis épluchez les oignons verts. Coupez-les en rondelles ou en morceaux.

2. Faites cuire les œufs. Écalez-les et ensuite coupez-les en quartiers. Coupez en 2 la tomate. Épépinez-la en retirant les grains avec les doigts ou à l'aide d'un couteau. Coupez la chair en tranches, puis découpez chaque tranche en dés.

3. Sortez les pommes de terre du réfrigérateur. Ajoutez les rondelles ou les morceaux d'oignons, ainsi que les dés de tomate. Assaisonnez d'huile et de vinaigre, salez et poivrez. Mélangez le tout.

4. Lavez, essuyez et effeuillez le persil, puis ciselez les feuilles. Garnissez la salade de quartiers d'œufs durs et d'anchois (facultatif), parsemez d'olives et de persil ciselé.

Bon à savoir :

Une autre suggestion pour cette recette : remplacez les œufs durs assez secs, par des œufs mollets, dont la texture moelleuse est plus agréable en bouche. Dans ce cas, présentez de préférence la salade en portion, car le jaune aura tendance à couler. Posez sur chacune des portions la moitié d'un œuf mollet ou deux quartiers. Le jaune semi-liquide se mêlera ainsi aux autres ingrédients de la salade, en les enrobant délicieusement !

Salade tiède de Fès

4 personnes
Difficulté : Très facile
Préparation : 20 min
Cuisson : 35 min

Ingrédients

Salade de carottes au cumin :

1 kg de carottes moyennes
8 gousses d'ail
4 c. à s. d'huile d'olive
1/2 c. à c. de cumin
1 branche de coriandre
1 branche de persil
Sel, poivre

Salade de patates douces :

1 kg de patates douces
1 oignon
1 gousse d'ail
1 pincée de safran en filaments
1/2 c. à c. de gingembre en poudre
5 c. à s. d'huile d'olive
1 pincée de cannelle en poudre
1 c. à s. de coriandre
2 ou 3 branches de persil
Sel, poivre

1. Pour la salade de carottes, pelez et coupez les carottes en rondelles en les sculptant avec l'économe, ou bien coupez-les en rondelles avec un emporte-pièce ondulé. Pelez les gousses d'ail, débarrassez-les de leur germe. Faites bouillir les gousses d'ail et les rondelles de carottes pendant 10 min dans une casserole.

2. Vérifiez leur cuisson : elles doivent rester légèrement croquantes. Éteignez votre feu, prélevez les gousses et écrasez-les. Égouttez les carottes. Hachez le persil et la coriandre. Dans une jatte, versez l'huile d'olive et incorporez le persil, la coriandre, l'ail écrasé et le cumin. Salez et poivrez.

3. Versez cette sauce sur les carottes. Pour la salade de patates douces, épluchez l'oignon et l'ail puis hachez-les. Faites-les revenir à l'huile d'olive, 15 min dans une casserole, puis saupoudrez de gingembre et de safran. Pelez les patates douces et rincez-les à l'eau froide. Essuyez-les et découpez-les en rondelles assez épaisses.

4. Ajoutez-les dans la casserole des oignons. Versez un verre d'eau sur le tout, et donnez un bouillon à feu vif, pendant 5 min. Laissez sur un feu moyen encore 3 min. Hors du feu, ajoutez le persil, la coriandre, la cannelle, le sel et le poivre. Servez tiède ou froid.

Bon à savoir :

Les nombreuses petites entrées sont au Maroc une tradition. Une de celles que nous suggère le chef est composée de carottes légèrement croquantes à l'ail et au persil. Pour la décoration, vous pouvez découper vos carottes avec un emporte-pièce ondulé qui les rendront encore plus attirantes. D'autre part, une préparation de patates douces en entrée est particulièrement agréable et peut tout aussi bien être proposée en fin de repas. Les Marocains la dégustent à tout moment.

Salade tunisienne

4 personnes
Difficulté : Très facile
Préparation : 40 min
Cuisson : 12 min

Ingrédients

1 concombre
2 tomates
1 poivron vert
1 poivron rouge
1 oignon
1 pomme
1/2 citron
2 œufs
1 pincée de menthe séchée
150 g de thon à l'huile
5 cl d'huile d'olive
Sel, poivre

Décoration :

12 olives noires dénoyautées
Feuilles de menthe fraîche
(facultatif)

1. Pelez le concombre, épépinez-le. Lavez les tomates, les poivrons et épépinez-les. Pelez la pomme. Épluchez l'oignon. Coupez tous les légumes en très petits dés ainsi que la pomme et l'oignon.

2. Dans un saladier, mélangez tous les ingrédients. Préparez l'assaisonnement de la salade avec le sel, le poivre, le jus de citron, 5 cl d'huile d'olive. Ajoutez une pincée de menthe séchée. Mélangez.

3. Dans une casserole, faites bouillir de l'eau salée. Plongez délicatement les œufs dedans et laissez cuire environ 12 min. Écalez-les et découpez-les en 2 dans le sens de la longueur. Coupez-les ensuite en quartiers.

4. Dans un ramequin, posez la salade et démoulez-la dans l'assiette en forme de timbale. Ajoutez les œufs et le thon émietté. Décorez avec les olives et 1 feuille de menthe.

Bon à savoir :

Cette kémia froide appartient au patrimoine culinaire tunisien. Composée de légumes crus, coupés en petits dés, elle est particulièrement appréciée l'été. Très facile à réaliser, elle requiert cependant de la patience et de la minutie. Le taillage très fin des légumes est indispensable pour retrouver cette sensation de fraîcheur. Les Tunisiens utilisent l'expression arabe wild el gambra pour désigner le concombre. Avant de l'incorporer dans la salade, notre chef vous recommande de le goûter. En effet, certains concombres ont tendance à être amers.

Slata mĕchouia

4 personnes
Difficulté : Très facile
Préparation : 20 min
Cuisson : 15 min

Ingrédients

2 kg de piments doux verts
500 g de tomates
4 œufs
3 gousses d'ail
1 boîte de thon à l'huile
25 g d'olives noires dénoyautées
25 g d'olives vertes dénoyautées
10 cl d'huile d'olive
1 c. à c. de carvi
Sel

Décoration :

Paprika
Huile d'olive

1. Sur une plaque en aluminium, faites griller à 200°C les piments doux et les tomates pendant 10 min. Laissez égoutter les tomates dans une passoire. Épluchez avec les doigts la peau des piments.

2. Fendez les piments en 2 dans le sens de la longueur pour les épépiner. Épluchez et épépinez les tomates. Coupez les piments. À l'aide d'un pilon, pilez les tomates et les piments. Épluchez les gousses d'ail et hachez-les.

3. Ajoutez-les au mélange de tomates et poivrons. Assaisonnez la salade méchouia avec l'huile d'olive, le carvi et 1 c. à c. de sel. Mélangez bien. Faites cuire les œufs, dans l'eau salée, environ 12 min. Écalez-les et coupez-les en rouelles.

4. À l'aide de 2 cuillères à soupe, confectionnez des quenelles de salade. Dressez-les dans l'assiette, ajoutez le thon émietté, les olives vertes et noires émincées, les rouelles d'œufs. Décorez en saupoudrant de paprika. Ajoutez un filet d'huile d'olive.

Bon à savoir :

La réussite de cette recette passe par le pilage des piments. Le chef vous recommande de ne surtout pas les mixer. Il est impératif d'utiliser un pilon pour les écraser. Commercialisé en boîte, le thon à l'huile de Tunisie est réputé à travers le monde. Émiettez-le avant de le présenter dans les assiettes. Très rafraîchissante, cette entrée apporte dans les assiettes son caractère méditerranéen.

Tomates et poivrons maaslines

4 personnes
Difficulté : Très facile
Préparation : 25 min
Cuisson : 30 min

Ingrédients

250 g de poivrons verts
300 g de tomates
3 c. à s. de sucre semoule
1/2 c. à c. de cannelle en poudre
1/2 citron
2 c. à s. d'huile d'olive
Sel

Décoration :
Feuilles de menthe

1. Faites griller les poivrons verts au four environ 10 min. Pelez-les. Épépinez les poivrons et découpez-les en lamelles puis en petits rectangles.

2. Mondez les tomates et pelez-les. Épépinez-les et coupez-les en dés. Dans une poêle, faites revenir, environ 10 min, les dés de tomates avec 2 c. à s. d'huile d'olive. Salez.

3. Ajoutez les rectangles de poivrons. Faites cuire environ 10 min. Ajoutez la cannelle en poudre et le sucre. Mélangez. Pressez le 1/2 citron.

4. Au moment de dresser, incorporez dans la préparation le jus de citron. Décorez les assiettes avec 1 feuille de menthe.

Bon à savoir :

Pour peler les tomates, il suffit de les plonger 30 secondes dans l'eau bouillante et de retirer ensuite la peau. L'ajout de sucre pendant la cuisson réduit son acidité. Quant aux poivrons, ils se pèlent après avoir été placés sous le gril du four. Les verts utilisés dans cette recette possèdent une chair épaisse. Leur saveur légèrement piquante est moins douce que celle des rouges. Notre chef ajoute le jus de citron au moment du dressage dans les assiettes. Cette astuce permet de donner plus d'éclat à la couleur des légumes.

Trio de mini-brick

4 personnes
Difficulté : Facile
Préparation : 40 min
Cuisson : 25 min

Ingrédients

4 feuilles de brick
1 citron
Huile de friture

Farce de base :

1/2 botte de persil
1 oignon moyen
1 pomme de terre de 150 g
1 œuf, 50 g de câpres
5 cl d'huile d'olive
Sel, poivre

Farce au poulet :

100 g de blanc de poulet
1 c. à c. de coriandre
Sel

Farce à la viande hachée :

100 g de bœuf haché
1 c. à c. de curcuma, de carvi et de coriandre
1 c. à s. d'huile d'olive

Farce au thon :

1/2 boîte de thon à l'huile

1. Préparez la farce de base en faisant revenir l'oignon haché, pendant 5 min, avec l'huile d'olive. Ajoutez le persil haché. Remuez avec une spatule. Laissez refroidir. Ajoutez la pomme de terre cuite écrasée et les câpres hachées. Salez, poivrez, cassez l'œuf. Remuez et réservez. Pour les triangles, découpez avec une paire de ciseaux, 2 feuilles de brick en lanières de 6 cm de largeur.

2. Découpez-en une autre en 2 pour les cigares. Pour les demi-lunes, découpez la dernière feuille en forme de cercle à l'aide d'un emporte-pièce. Préparez les différentes farces en faisant cuire la viande hachée avec l'huile d'olive et les épices ; le poulet dans l'eau salée, 5 min, hachez-le avec la coriandre. Émiettez le thon. Répartissez la farce de base dans chaque préparation.

3. Posez une couronne de chaque farce sur les brick. Répartissez la farce de poulet en début de lanière. Pliez les brick en triangles en roulant une fois à gauche, une fois à droite comme pour les border. Préparez les brick en cigares en plaçant la farce de la viande hachée au bout de la feuille.

4. Pliez-la une fois en demi-rond vers l'intérieur et roulez jusqu'au bout. Pour les demi-lunes, mettez la farce du thon et rabattez la feuille. Faites frire les brick 3 min de chaque côté. Épongez-les dans du papier absorbant. Dans les assiettes, dressez un assortiment, accompagné d'un quartier de citron.

Bon à savoir :

Cette recette offre la possibilité d'incorporer les ingrédients de son choix. Seul impératif cependant pour réussir parfaitement cette spécialité : respecter la farce de base. Elle est toujours composée d'oignon, persil haché, œuf et pomme de terre. Cependant, certains aiment l'agrémenter de câpres.

Distribué par :
Albouraq Diffusion Distribution
Zone Industrielle
7, rue Henri François
77330 Ozoir-la-Ferrière
Tél. : 01 60 34 37 50
Fax : 01 60 34 35 63
E-mail : distribution@albouraq.com
Comptoirs de ventes :

Librairie de l'Orient
18, rue des Fossés Saint Bernard
75005 Paris
Tél. : 01 40 51 85 33
Fax : 01 40 46 06 46
Face à l'Institut du Monde Arabe
Site Web : www.orient-lib.com
E-mail : orient-lib@orient-lib.com

Librairie Albouraq
91, rue Jean-Pierre Timbaud
75011 Paris
Tel : 01 48 05 04 27
Fax : 09 70 62 89 94
E-mail : librairie11@albouraq.com
Site Web : www.albouraq.com

1434-2013
ISBN 978-2-84161-957-3 // EAN 9782841619573

Ouvrage réalisé en collaboration avec
l'Atelier Graphique Albouraq
2013

Impression achevée en Mai 2013
sur les presses de Dar Albouraq
Beyrouth – Liban